Poseía

Jorge Pridal

Copyright © 2012 Nombre del autor

Todos los derechos reservados.

ISBN:

DEDICATORIA

A ti, a quien temprano en mi vida salí a buscar

y terminé hallando junto a la Poesía, al amanecer…

Jorge Pridal,
Puerto Montt. 17 de marzo de 2024.

CONTENIDO

1	EL INTRACREACIONISMO	
2	LA MUERTE DEL AMOR	18
3	TARDE	19
4	MEMORIA VARIADA	21
5	CASI UN AÑO	23
6	ESPERANZA	25
7	ESTABLECIMIENTO	26
8	SI TE TUVIERA	27
9	BUENOS BARRIOS	29
10	VIAJES & TRIBULACIONES	31
11	NIÑITA (SONETO)	32
12	INCONCIENTE	33
13	JOVEN NOCTURNA	34
14	JAMAS	36
15	15 MAS 11 ABRIL	37
16	A SILVESTRE	39
17	NUNCA MAS	40
18	ESPEJO	41
19	POEMA DE 13 DE MAYO	42
20	CIFRADO 3 ENERO FEBRERO 2003	44

21	TARDIA	45
22	CUANTO TARDE EN MIRAR SUS MANOS?	46
23	EPIGRAFE (AUTOPOEMA EN TU MAYOR)	48
24	SOBREVIVENCIA	50
25	SILVESTRE NOCTURNA	51
26	LA PENA	52
27	LAS FLORES	54
28	POEMA CAGADO POR UNA PALOMA	56

II

SOLEDADES

29	O SOLO SER SIENDO	59
30	PREGUNTAS POR FELICIDAD	60
31	PICHIDANGUI	62
32	PICHIDANGUI	64
33	ARAÑA DEL TRIGO	66
34	SOMBRAS DEL SER	67
35	A ESA MADRE	68
36	ALCOHOL E INSTINTOS	69
37	EL HALLAZGO	71
38	S	73
	Sobre el Autor	75

EL INTRACREACIONISMO

La concordancia son las venas del arte.

Las acepciones son las entrañas de las palabras.

Un Poema es un Animal Poético

y la Poesía la síntesis de su belleza

                        en todo orden y sentido...

     La Poesía es una fuerza que busca expresarse a través de los y las Poetas.

     Esta fuerza se manifiesta como una sensación eléctrica al lector y ha sido cuidadosamente tratada desde hace centurias en el idioma Español protegiéndola de la risa fácil que todo lo quiere hacer su igual, arrastrándola... fue encubierta en Epístolas, en Sonetos estructurados y rimas definidas fue protegida... A fin de cuentas los Poetas Mayores aparecen sosteniendo faroles en la oscura noche de la humanidad y nos señalan el camino para hallarla... Los antiguos Maestros Españoles (Luis de Góngora, Francisco de Quevedo), la Poesía de Oro en fin, otros Poetas profundos como A. Nervo. Pero en el SXX la Poesía buscó a la luz de la inteligencia y la halló en Antonio Machado:

> "Luz del alma, luz divina,
> faro, antorcha, estrella, sol...
> Un hombre a tientas camina;
> lleva a la espalda un farol."

… Pero ya cansada de tanto sufrimiento y auto conmiseración de las personas y pequeños y pequeñas poetas que la determinaban en rimas repetitivas se dijo "me haré Pueblo una vez" y se fue hacia Pablo Neruda y fluyó libre de nuevo… de pronto en el Poeta dijo "Basta" y escribió sus Odas Elementales que son, a saber, elementales: Desde su Texto **El Hombre Invisible** la Poesía aclaró las cosas:

"Yo me rio, me sonrío de los viejos poetas… siempre dicen yo, es siempre "yo", por las calles sólo ellos andan. (…) Sólo a él le pasan todas las cosas y a su dulce querida, nadie vive sino él."

El egoísmo autorreferencial nunca fue Poesía, hay testimonios de altos Poetas: "Quien quisiere ser culto en un día", de Quevedo lista casi 40 palabras y concluye: "Que ya toda Castilla/ se llena de poetas Babilones/ escribiendo sonetos confusiones;/ y el la Mancha, pastores y gañanes, / atestados de ajos las barrigas, / hacen ya cultedades como migas". (SXVII)

Así pues la Poesía nos pertenece a todos y unos la aman y respetan y otros se sirven de Ella, pero Neruda halló respuesta a sus gustos en EL HOMBRE INVISIBLE, primer Texto de sus Odas Elementales. Pero ahora el Intracreacionismo interpela al Poeta:

AL HOMBRE INVISIBLE
"Porque voy por las calles
y sólo yo no existo".
P. Neruda

Ayer, mientras vivía un rato,
mientras me alejaba un rato del encierro,
mientras desgranaba naranjas y comíamos reunidos
fruta y risa, conversación que se alegraba de repente;
mientras viví:
¿Qué faltaba?
¿Por qué se fracasaba la felicidad, acaso?

Mientras masqué el pan,
cuando mordía un sudor que he transpirado indignado, acaso,
¿olvidé al hombre?
Si callé de dolor
no reí de egoísmos…

Va como sombra entonces el hombre
transitado por las calles de la poesía, transitando.

El hombre invisible es como ventisca en la ciudad
pero los ventisqueros:
¿Quién silva en el encuentro?
¿Acaso la sombra?

Ayer, rodeado de adolescentes,
reímos:
                Certezas
                            algo existe:
        Si las delimito hasta hacha,
tiembla el silencio del árbol…

Pero decíamos que la Poesía se refugió en los Clásicos, buscó la inteligencia en Machado y después fue a aclarar las cosas en Neruda y halló respuesta y claro, la oscuridad se hizo dolor y así fue el comienzo… pero harta de la autorreferencia y de lágrimas convulsas y bestialidad se fue a aclarar nuevamente en Vicente Huidobro y ahí, frente a frente al Poeta Creacionista entendió que ya todo no era lo mismo y se escindió: El Creacionismo partió a la Poesía en dos, dejó lo repetitivo para la mayoría y su libertad y se irguió y exploró junto al Poeta sus posibilidades todas y en el extremo de la creación aleatoria regresó a su "MONUMENTO AL MAR", a su NON SERVIAM y a Altazor… sus 2/3 partes. ¡Qué Poeta fue Vicente Huidobro" Solamente él en todo un siglo fue capaz de ofrecerle una posibilidad a lo que se ama…

Explicado el pasado, el Intracreacionismo es un viaje al interior absoluto del Arte y su silencio: El Lenguaje se abre, los sinónimos no existen más, cada palabra se transforma en vocablo, fonema, acepción y término, la Lógica recurre a viejas formas en la literalidad del grafema: El verso ahora no es "una llave que abre mil puertas" sino una red dimensional que a través de las las entrañas mismas de las palabras el Poeta logra concatenar al Texto a la aunada red y son acotadas sus posibilidades: Para entender mejor esta imagen es necesario ir a su anverso, la Teoría de los Conjuntos y así:

ALBO tiene como acepción a Puro y a varias palabras más (blanco, frío, etc).
BLANCO tiene como acepción a Puro y a varias palabras más (Albo, prístino, etc).
PRÍSTINO tiene como acepción a Puro y a varias palabras más (blanco, inmaculado, etc).

¿Y dónde se interceptan sus acepciones? Sí, esos tres términos se interceptan en la acepción "puro", y esa es la intención que soporta al Poema. Ahora prolónguenlo palabra por palabra, desde su Título hasta el punto final y hallarán en la Unidad Concordancia…

En RCDR, de Textos, el Intracreacionismo se expresa absolutamente…

La segunda característica de este movimiento es una "casi imperceptible contracción del Lenguaje": Se hace manifiesta en AGOBIO, primer Poema de TEXTOS, 3er Libro: "Se sale de sí misma como el aire de un globo pero el globo es una ilusión". (…) "Cada instante de mi vida se revela hasta su imposible/ por ser mi libre, por existir sin espacio".
En LA IRA DE DIOS, también de Textos: "El mar me muestra cordilleras en su línea de nubes" y en HARTOS COMO MIRAR FRENTE AL MAR:

>   (…) "Saldrás al aire y la piedad te mirará
>   de frente
>   y el solcito querías, también de frente
>   antes, hoy es el día"

Esta contracción se explica porque en la tercera característica de esta vertiente poética se señala que la Poesía es síntesis.

La cuarta característica es que dada pérdida del profundo significado de las palabras en el SXXI la Poesía tuvo que redefinir su espacio y se hizo Conceptual: El Hombre, segundo libro, habla sobre el Hombre ante diferentes situaciones. Es decir El Hombre ante la Poesía; El hombre, el Idioma y la Literatura; El hombre, el Jazz y los labios y en el Texto ES EL YO QUIEN CONDUCE LA CARRETA se esboza como epígrafe…

Ahora el Poeta es quien ofrece refugio a la Poesía la cual se manifiesta en "Al principio fue el dolor", pues su sensible ser es azotado por el conocimiento de la ruindad humana, y al fin, "el dolor que me infringió el conocimiento" hace explotar a la flor de las Figuras Literarias y el resultado es una Poesía Conceptual llena de imágenes creadas por el Poeta: Así logra su nueva respiración el Arte, que siempre quiere más…

La Poesía es ahora portadora de la luz del entendimiento y ofrece al lector metáforas llenas de imágenes y concordancia, es decir su título final enmarcan al acto Poético, devolviéndole a la bella Poesía su concordancia y lógica extraviada por los "Sonetos confusiones" de tantos siglos atrás….

El Intracreacionismo despoja a las palabras de su histórico y manoseado significado y a través de las mismísimas "entrañas de la palabra" se establece un marco invisible que sostiene al texto escritural, el cual acepta su re definición entregándole al lector una posibilidad nueva, tibia, e iluminada por la luz del entendimiento…

Así, como la evolución, comienza en el dolor y culmina en la luz y el amor verdadero...

ARTE POETICA

Las acepciones son las entrañas de las palabras.

El Texto es el vestidor del arte.

La concordancia es su vertiente de venas,

Se percibe respirar un Animal Poético,

Todo y Nada son el Uno Palpitante

y la Poesía la síntesis de su belleza

                              en todo orden y sentido…

                                      Jorge Pridal,
Puerto Montt, 18 de marzo de 2024.

I

SILVESTRE

LA MUERTE DEL AMOR

I

Un dolor vinoso azota esta vida

en que ebulle un amor por ti inundado

el espacio que me rodea:

    ¡Truenos dentro del oscuro cuarto,

sonidos de copas quebrándose y azotando

las murallas suciamente gastadas!

Arrinconado pienso en la muerte del amor

desde la sombra más tibia del recuerdo:

Éramos felices, amada mía, mas la distancia,

cubrió la paz de nuestros cuerpos hasta cerrar tu alma...

II

En mis venas un vino obsesionante

me mantiene en el rincón más oscuro de mi cuarto,

los vidrios en el suelo ahuyentan las oyentes ratas del fracaso,

la sangre de mi vida en las paredes te reclama:

Ésta es la muerte del amor,

así una vida humana conoció su alma...

TARDE

Vuelve el recuerdo a las palabras de su risa,

en cada presente se enlazan las caricias de nuestra vida.

Vuelvo, como el tiempo, a los mismos lugares,

mas quiero olvidarla aunque quede la noche vacía como antes

¡Pero no!

Vuelve, así, el presente a pensar en el pasado:

¡Su risa!

Por recordar me acometen las nieblas de la vida...

A veces pienso que nunca te dije, Silvestre Austral

Silueta de los Ríos,

cómo te quería,

cómo te quería.

Oh lejana,

cuánto te amaba,

tus ojos al mirar solían buscarme,

oh paz a quien hablaba en el silencio...

Ahora es tarde, es tiempo pasado,

¡Es demasiado tarde!

Es tiempo de mirarme al espejo y decir

¡Es demasiado tarde!

MEMORIA VARIADA

Al levantarse estiró las sábanas en mi mañana tibia,

hoy esas tostadas y el café son aromas que someten mi vida;

pero el recuerdo, esta memoria insana,

debe helarse hasta el olvido, variar hasta la nada.

Y así la sala deshabitada

debe mostrarme lecturas bajo las ventanas mal cerradas...

y a ella con una senectud informe

ofreciéndome formas desgastadas...

Extranjero en el tiempo,

aún no la he olvidado.

Mas debe ser así,

pues el reloj avanza:

Si ella no está sobre mi pecho

no debe evocar a la esperanza...

¡Transcurre, reloj, en la memoria,

deja tus palabras de polvo sobre las tazas solitarias.

No puede ese instante ser eterno y detenido:

¡Haz, Cronos, que se enturbie la lozanía!

CASI UN AÑO

No es que siempre piense en ella

pero a veces la evoco largamente,

y tiene tanta dulzura cada escena

que debe ser así pensar en su lozanía.

Debo aclarar mis naipes

para ver mi suerte de ella:

Castillo de naipes,

el recuerdo tiene la suerte bella...

No es que cada anochecer me entregue su perfume,

pues nadie carga en si su aroma de montaña:

Horizonte sangrado,

mi piel cubría su sangre rojamente furiosa...

Pero el tiempo vuelto distancia

se hizo alejamiento,

y ella desde el extranjero

calló hasta siempre en el silencio...

Fue fabulosa esa temporada de sus labios,

tuvo destellos cada alarde de amor vivido,

mas ella se retiró como una ola de mi arena

y sólo quedó la noche y me acarició fríamente...

Entonces parece

que el castillo en que situé

la claridad de su mirada

se deshizo en la historia,

en la noche se inmoló en mi garganta.

¿Ella me olvidó?   ¿Por qué habría?

     No, no puede ser así!

Siento que al partir yo la destruí con la mirada...

ESPERANZA

Pero sin comprender

he entendido

que su pasión sangraba hacia adentro,

como mis ideales...

El amor que siento

al hablarle a la lozanía,

al esconderme

como una rata de su sombra,

uno vuelve extenso

y nadie atiende a los tristes,

a nadie interesan las flores

que sólo saben abrirse hacia adentro...

En fin sonrío,

esas veces la realidad

sobrepasa esto que fuimos:

Me he mirado y me he sentido

como un anciano en un banquillo:

Quieto a su vida, dolor.

ESTABLECIMIENTO

Lucha, hazte mujer mientras tiemblas largamente,

te recogen mis brazos, te asilas en mis territorios...

Como tierra mi cuerpo quiere cubrirte,

porque estoy en el aire lucho con tus claras vestimentas

por rozar tu cintura, por esos ojos abiertos...

Así soñé contigo mientras leías seguramente,

confiada en las letras, en su armadura llena de soltería...

No importa lo que digan, yo quiero verte libre:

Yo te comparo, mujer, con mi nostalgia,

y tienes su suavidad de mirada, sus mismos ojos lejanos...

Dejemos el desgarro del dolor. Ven, mujer,

hablemos toda esta noche de ternura...

SI TE TUVIERA

Si te tuviera,

si mis manos pudieran cerrar tus ojos,

si mis manos liberaran tu cintura,

si pudiera, en fin, ser en tu cuerpo,

buscaría en ese espacio al corazón que tanto he amado.

Dejas alegrías juntas y esparcidas tras tus pasos:

¿Cómo lograste unir tu corazón al mío?

Cuán diferente fuiste al soltar estas cruces,

cómo desnudaste la verdad que tenías

encubierta como si fuera culpa,

como si fueras diferente

a una multitud reunida

ante la histeria oscura:

Siembra, siembra mujer una esperanza puede amarte,

deja tus manos limpias pues eres la cultura,

eres inocente   libre de culpa pues el amor

no ha hecho más que coronarte:

Ciertas veces alcanzable

        como el agua de un río

                en movimiento...

BUENOS BARRIOS

Si tanta noche nos corresponde a ambos,

tanta distancia, si tanta distancia nos posee a ambos,

yo sufro como una página en blanco

y tú duermes como una buena chica de barrio.

Si tantas dudas me hablan de ti

todas las señoritas de bien me cerrarán su cultura,

y cuando te recuerde

las frágiles señoritas dirán cosas falsas como siempre…

Y el fin será

abandono.

II

¿Y si se arrepiente como un vagón del ruido?

Bah, que vuelva a sus cuarteles.

Pero si la ternura se posa en su cuerpo?

Que deje para otro su lozanía...

El fin igual será

abandono.

VIAJES & TRIBULACIONES

Llego a una ciudad que me es extraña,

como siempre

una mujer besa mis labios

pero hoy

                acepto su amor y su mirada.

Anochece: Llego, como siempre,

tarde a mi reunión con el sol.

                        Me ha dejado.

Abro mi habitación,

un libro balbucea confusamente

en el velador la palabra lectura,

yo pienso en mi muchacha

y bebo un té que ella no me ha preparado.

Me alejo de las pulgas

sintiendo que estaré muerto

o la muerte será

Poesía, algo así como un té que colocas en tu mesa

mientras fumas lentamente el último cigarrillo...

NIÑITA (SONETO)

Para ti me duermo la mirada,

para ti niñita existimos hombres de desnudos labios,

callados sin ti nos fuimos volviendo piedra,

ahora desnudos sin ti olvidamos la sonrisa...

Niña: ¿Sigues soñando tu noche?

¿Acaso te has cansado

de buscar en la oscuridad mis brazos sin encontrarme?

¿Amas el sonido de tus pies sobre el pasado de lo mutuo?

Niña: ¿Después que perdiste mis labios sobre tu frente

me buscaste aún en el sueño?

Oh cuántas veces entre en el murmullo del sueño

me transformé en piedra

y eras tú la que habitaba mi jardín, mi frente,

en fin en todo lo que para ti me había construido...

INCONCIENTE

Me detengo a pensar, por qué no estás conmigo,

y es increíble que tus ojos no me digan nada

inmersos como están en el deseo de la mirada:

Y aún
        vendrán tantas palabras a intentar

cambiar mi corazón de amante,

mujeres con su voz a acariciar

mi corazón con alegrías:

Pero tengo tantas cicatrices como raíces para amarte,

y ninguna es tan profunda:

    Si oyeras

           tu nombre entre mis labios…

Como el susurro de un poema joven,

eres una voz que ríe a raudales,

una belleza de hombres

que los hombres han cantado y buscado siempre

y tú ni siquiera

        te has dado cuenta…

JOVEN NOCTURNA

Se movía

        con los ojos cerrados

Sonreía

ya que era de noche

y sabía

de mi frío.

Dulce amante,

no pedía más que sus manos,

y me entregaba su corazón

eternamente...

Gemía

hundiendo sus uñas,

dulce mía,

tus manos las quiero tanto.

Cuando abrió sus ojos

reían a raudales:

¡Cascadas!

¡Carcajadas azules!

Experimentada amante,

tierna ronroneante

su puso sobre mí:

Abalanzó unas miradas

tibias, dulces, de amanecidas:

Mis manos, hombre,

mis manos mi corazón y mis

pupilas... gracias...

JAMÁS

Ella tiene manos tibias para mi alma aterida,

es la mitad mía, pero va a partir.

Es única y la he visto. Sé que me ama

mas no me lo ha dicho.

No me lo ha dicho y esos ojos verdes de tanto paisaje

hablan de amor cuando cae la noche,

y se cierran los cuerpos...

Ella me abraza, me aprieta en silencio,

en mitad de la noche siento clamar

un silencio, una pena renuente a su amparo,

y no son sus ojos ni es el mundo.

Tal vez mi mundo, se va a marchar...

De lo que importa y tiene sentido

ella es la parte que quiero más:

Se irá con ella, mi amor entero

se irá con ella,

mas yo,

      ¡Jamás!

15 MAS 11 DE ABRIL

En tus muslos, la suave sensación

de caer como una hoja,

estas manos lo hacen siempre,

asilándose en tu piel;

mis dedos sintieron tus gemidos

oliendo tus latidos irregulares:

¡Qué escándalo de amor tenía

y tú qué respiraciones!

Y dormías en mi pecho

después de matar las sombras,

dulce mía

tus senos

los quiero tanto,

tu nacimiento,

tú, palpitar de pradera dejada atrás...

Y caías a mi frente desde tus ojos

para volver a creer en los precipicios,

en tu tenue espalda

mis dedos se transformaron en pregunta:

Y la noche, compañera,

la noche tuvo tres estrellas más

que lucir

    en su oscuro manto....

A SILVESTRE

Disculpa eso de dormías en mi pecho,

el amor jamás en mí tuvo la alegría de las aves:

La muerte se muerde en mi interior, espesa,

a veces se impacta mi yo, todo va muerto...

Tanto mi paz que late dulcemente

brusca de amor o furia dijo te amo,

mas brumas salen de mi boca y no tu aliento,

mis manos no sostienen este amor,

perdido y ebrio.

Jamás olvidé que se perdía

mi corazón entre tus labios y tu lengua...

De noche te recuerdo mientras sufro,

la distancia cumple esa función de helar mi alma...

Adiós sin olvidar, amada mía,

el fuego que encendían nuestros cuerpos...

NUNCA MAS

Ni la fuerza torrencial del adiós en lágrimas derramado,

ni la firmeza de tu mirada una noche de caricias sumisas,

ni la vocación del amor hallado, como un verso sobre el lecho,

ni el aliento suspendido ni el beso sublime

ni la reconquista de ser la tierra y su esperanza de vida:

Nada eterno, nada se sostuvo: nada.

ESPEJO

Cómo me duelen sus palabras

ahora que ya se ha ido.

Sin saberlo

-somos libres de ignorar-

al irse dejó mi corazón

derrotándose en su sangre.

Cómo olvidar   su pelo

su silueta... cómo olvidar

sus ojos cuando estaba arrinconada.

Desnuda

      quién le hará el amor

¡Quién!

    Yo que la amé y la puse

entre todo ser...

Yo que besé y cada curva de su cuerpo

era mi lugar detenido.

¿No sientes la soledad del sol al atardecer?

      ¿En frente de qué espejo estarás desnuda?

POEMA DE 13 DE MAYO

> "Aman exactamente como si odiaran"
>
> F. Dostoyevski

I

Yo no sé cantar melodías alegres.

Mi alma, como un universo sin estrellas

estalló en sonrisas melancólicas al nacer;

y fui oscuro de noche espantosa ebria y delincuente:

Las sonrisas me dan impresiones fantasmales y danzan, y ríen...

El carnaval humano me parece

la risa del sol y yo, bufón de nadie,

soy el árbol alto del cementerio del recuerdo,

estoy sencillamente asustado y la luz en las ruinas, cada mañana...

Entre sus gritos me cierro como la noche sobre las cruces

y tiemblo, sufro lágrimas convulsas, mortales...

Así nunca supe comportarme como un niño.

II

Asustado del dolor me fui volviendo viejo,

cansado de dudar temblé de angustias:

La vida continuó en mí pero era de noche y me ladraban

los perros,

sólo capté la atención de los delincuentes armados con cuchillas…

Sólo se superó el dolor, así fue el comienzo…

CIFRADO 3 DE ENERO FEBRERO 2003

Amigo mío, ¿Sabes tú cómo viste la gente

al verla pasar la segunda vez de su vida?

Yo no sé, mis ojos se cierran ciertas noches,

ciertas temporadas y es posible,

que aúlle en la calle tras mis pasos

y acaricie con ternura el cuerpo de un perdido hombre pues

usa sus manos y no es ciega,

sus labios besan cuando calla.

¿Es posible que se halla guardado en sí misma

para hallarme?

Esta ruina que limpio mientras la escribo

a veces desnudo viendo en el espejo

la ira que se detiene como el río de mi sangre

es a sus ojos, y a su pensamiento

un árbol loco, eternamente perdido por su sombra...

TARDIA

Oh cuánto te ama desde acá el errabundo,

el loco de pies, el que camina hacia ti,

sin encontrarte.

¡Cuánto sufren por ti estas cervezas, dulce mía!

El de rodillas rudas, cuánto extraña tu pelo entre sus manos.

Oh mujer: Oscuras se presentan las horas ante mí:

Medievales...

¡Pero a ti te gusta avanzar

como cuando duermes, reloj!

CUANTO TARDE EN MIRAR SUS MANOS

Cuándo supe que llevaba anillos?

Años, recuerdo que no la conocí hasta entonces;

qué insoportable se vuelve la realidad

ahora que ya te has ido.

Qué insoportable se vuelve la noche

ahora que ya te has ido.

Y si tenía cara de tristeza

en qué me concernía a mí,

yo qué era: ¿Un transeúnte?

Y si sus ojos eran verdes y hasta

un poco soñadores

en qué me concernía a mí

si sólo era un pasajero:

Es buena la puerta de la noche

para volver a cruzarla solo, nuevamente...

Cuánto tardé en saber que sus ojos eran un poquito soñadores?

Siempre,

y ahora que es pasado,

siempre.

EPIGRAFE (AUTOPOEMA EN TU MAYOR)

Hoy quiero tus tenues brazos en mi cintura hecha para tu cuerpo,

porque sin saberlo en tus ojos prístinos me he descubierto,

siendo de otros mi pasado transcurrió ignorante

de que en ti me hice mujer, me hice reino,

y toda la lluvia que busca los cuerpos

me acercó a tu limpieza, a la ingenuidad que amparas...

Si me desnudé para el pasado   fue inconsciente

mi actitud de niña   pues jamás   mi pecho ha gritado

                                                            tan alto

un nombre en la noche,

porque jamás la maravilla violenta del amor

me mostró su mirada; mas en ti, el humilde,

la casualidad y la fiesta fueron tus ojos,

la alegría que he dejado atrás...

No puedo compararte con lo que he visto en la tierra

pues aunque eras mi reino estabas en el aire,

y las puertas oscuras de tus ojos y tu alma

las abrí sin querer, y les entregué pasado...

y tus virtudes de transparencia en el espejo

me enseñaron que mi mirada

se hizo mejor con la tranquilidad de tu sueño...

Amor, en ti dejé una sonrisa tan alta,

que sintiéndome tan lejos

jamás hallé una senda para volver a tu pureza...

SOBREVIVENCIA

No poseo nada que me absorba,

soy en ruinas yo mismo,

y si esto me enorgullecía antes

hoy no lo cuestiono pero ah!

se hace eterno el tiempo.

Y tú te preguntarás, como yo, cuándo llega...

SILVESTRE NOCTURNA

"Las estrellas en los poemas lucen gastadas..."

Porque las estrellas cansadas me hacen perseverar,

porque este mundo que florece por tus ojos y tu aliento

has esparcido el perfume de tu pasado en mi mirada

es que te nombro:

¡Porque me he vuelto claridad como tu alma!

Oh, yo te invoco

a mi ser hermano de la tierra:

En el descanso de esta ciudad dormida

he llenado nuestra distancia de faroles luminosos,

y me pierdo en las calles vacías lentamente

con fuego en las manos, y no te hallo...

Estas mis palabras que te aman y escogen

y te invocan ante la noche de una ciudad extendida

a ti, tiempo atravesado por una mujer

quieren hablarte, porque has inscrito tu nombre en mi pasado...

LA PENA

Ciertas veces tiene el color de una mujer

y famélica de una caricia entre mis ojos y mi hombro

se parece a una brisa que en su ausencia

se puede oír con ojos de niebla y llanto seco.

Es el momento de escribir para aferrarse ése,

de vagar desconcertado con la mirada vencida,

una caricia bastaría más que los labios de una mujer:

No importaría que su nombre derrotase a las sombras

ni que oliera a sermón de ciudad en la noche su perfume.

La ira crece contra la pureza, me

encierra en murallas sucias,

entre un alcohol sedante y compañero

arde brutalmente mi mirada umbría…

Me revuelco siempre dos pasos más lejos.

Me hago ovillo el lado del corazón se retuerce ante mi sumisión,

acato como sonámbulo las órdenes de todos,

voy triste y lejano con mi manto de melancolía…

Sé que bastaría esta mujer que entre todas se me niega

para amar lo que niego y sonreír a la paciencia:

Esto ocurre porque se larga la escogida

de los ojos del hombre, no del poeta...

Porque la terneza del dolor

tiene su cuartel lleno de camas deshechas y vacías...

Siempre no puedo más.

Mi pena crece aún en su estado de molusco...

.

LAS FLORES

Hay flores. El cuarto y sus flores

deleitan a las amantes pasajeras.

Flores, y cada una de ellas

se lleva la más tierna. La que quiera.

Yo las dejo. Unas se largan,

otras se secan.

También la que tengo para ella, la primera,

¿Cómo es que nunca la llevan?

Jamás la llevan, jamás se seca.

Junto a las otras luce espléndida.

Sus pétalos tienen

la sonrisa escondida.

Y nadie, nadie la lleva.

La he juntado con otras.

Las otras escogen... es blanca

como la memoria. Nadie...

Alguna solitaria noche

miro de cerca.

En esos instantes

su olor de montaña,

su mirada eterna

deja.

Pero nadie, yo inclusive: Nadie la lleva.

POEMA CAGADO POR UNA PALOMA

Basta ya de ti, mujer,

de tu entrega que se rinde

como un árbol que da frutos

sin saber a qué destino:

Ofreces tu corteza, el muro de tu sangre,

a hojas acariciadas por la pasión de un dueño

que deja su pasado en una carne mal acariciada...

Basta ya de la boreal imagen pasada

que impuso la elegancia de tu frente caída:

Libertad es ver cómo te largas,

y lloras desolada tu primera valentía...

Se ha construido la historia ¡Basta ya de señoriales relatos!

de brujas y hechiceras. Cobardía fue

la de los hombres, esos hombres después

coronados por su Patria.

Libertad   es ver

cómo delatas

a esos asesinos

        de la virginidad de tus labios...

        Pero debes callar:

              ¡Muerde al silencio!

II

SOLEDADES

O SOLO SER SIENDO

Sólo quiero no ser un momento…

Sentirme en una piedra

y quedarme en el medio del desierto…

Convertirme en una piedra

al fondo del mar del olvido…

O ser un poco de aire

en la ampolleta que jamás encenderá…

Que me dejen en silencio

todas las cosas…

Hoy cumple aniversario el desvelo,

y el mismo frío de mierda muerde mis deseos…

POREGUNTAS POR FELICIDAD

Me gustaría ayudarlo pues estoy tan solo

y usted tan ocupado,

que sería bueno y una vez finalizada la tarea

nos sobraría un tiempo para conversar un rato.

No busco su mujer, ¡No sea desconfiado hombre!

no deseo manejar su carro:

Tan sólo quisiera saber cómo llegó a tener lo que posee,

y que me lo dijera conversando...

Hace frío en la ciudad: Usted ¿desea un trago?

Construyamos la casa primero,

después brindemos por algo.

Me gustaría que supiera

que yo, con estas manos,

construí la felicidad de ella

y ya no la tengo, sin embargo...

No quiero su dinero:

¿Por qué le molesta el trato?

Sólo quiero conocer su pensamiento

para saber

si vuelvo a ayudarlo.

PICHIDANGUI

Fui a recolectar

                memoria

donde no habían

                edificios.

El pescador abandonado

                y sus perros

                              en la aldea.

Las fogatas son

                enviadas del sol

¡Querubines!

                danzarines

                              con sus trenzas de fuego.

Asistimos al sol

                en su charla

                              de pintor consagrado

y nuestras miradas eran

                público de pie

ovación

niños jugueteando

                en nuestra imaginación…

PICHIDANGUI

La carretera estaba

sin polvo,

el sol

encima de las cabezas.

La suerte estaba en

los cantos

de las piedras

que estrellamos

a ambos lados del camino:

Las piedras de nosotros mismos.

Todos los vehículos dejan

su carga de viento

en nuestros rostros:

Y siempre es la tarea del hombre

partir.

Toda una tarde
     oyendo al mar
mientras un viejo perro
       baja sus orejas.

Y esas horas fueron días:
¡Siglos!
 .

ARAÑA DEL TRIGO

> "Ella en sí fue una tragedia"
>
> J. P.

Ella se largó de mis territorios

arrastrando al amor que se inventaba.

Como no pudo tenerlo

decidió que sólo se matara en el tiempo,

pero

la araña sólo puede sesgar

espinas para sus labios.

Como la luna sale y el sol se pone,

así de sencillo:

No se puede terminar con algo

que jamás

        ha existido.

Mis palabras duelen, mas debió callar:

¿Cómo dejar que la del trigo hable

si sólo sabe escapar?

SOMBRAS DEL SER

Estás ahí, tú, sombra de un nombre?

Oyes ladridos gobernar la noche mientras

callas y quieres con odio ante el silencio?

Esos gritos de seguro reclaman

la pasión de un dueño...

El hueso de cemento del adjetivo pulgoso

claman claramente y tú oyes y asientes cabizbajo...

Son para ti estas palabras airadas, criatura.

¡Civilización, civilización, hasta qué hora

durará tu luz dirigida...

Los ladridos desgarrados   /   me recuerdan

la patada de la soledad...

A ESA MADRE

Abracé a la orgullosa madre,

qué ha tiempo ya? Sólo nubladas sacudidas

del alma,

años de una muerte vivida y sangrada

en el dolor,

tiempo determinado en este presente palpable hoy

mas refrenado:

Pero una vez concluido el preludio

salta de la oscuridad el ser temblando,

la plástica seducción de la poesía:

Con una mano venosa saluda al universo

de la musa linda que se liberó de su botella siempre medio vacía…

Entre su horizontal peregrinar, el hombre,

dobla las esquinas de su vida y crea un lugar en el tiempo:

Se juntan amablemente cerca de un sol

la madre muerta, la mujer plateada

y la inmensa poesía del recuerdo…

ALCOHOL E INSTINTOS

Tuvo la alegría y el desplante

una reacción positiva a mi forma de argüir:

La noche se cerró, ya casi el día se caía,

nos tuvimos en los brazos,

                        y fue...

Conocimos la frescura del rocío,

dejamos las cabezas en la hierba agreste:

Sentí que caminaba y que me estaba despidiendo,

fluí en otra forma del amor...

Todo fue, al parecer, alcohol e instintos.

Yo, por mi parte, me aparté;

y al levantarla fue su rostro algo pasajero

y desechable: Hoja que va a ser té...

Por su lado, me miró.

Fue sólo el corazón, resopló su voz entrecortada.

Yo callé, le dije como siempre, y ella

fue...

EL HALLAZGO

Compartiré tu infierno,

soportaré las lavas

de cuando estalles.

Te cuidaré   haré de ti mujer,

hembra prodigiosa.

Porque el tiempo transcurre hasta el final,

como un punto.

Sin embargo sería tierno

como el conejo del mago que no te quiso

que tú, hecha para mis ojos,

hecha sin saberlo

a la medida de mi niño corazón

nos sacudieras el sol de repente

secuestrándome.

En el momento de la nada

que es mi ahora

pienso en ti, en lo que eres.

Olvido tu perfume de cervezas

y hablo del amor, en ti,

porque lo fuiste.

Así, entre dulce mía por fin besé tu frente,

desconsolada mía hasta que nos atrevimos al hallazgo.

Besaría cada una de tus pecas, hasta el orgasmo.

(Sin embargo te recuerdo

sin pena ni nostalgia)

Cobijaré tu amor sin purificarlo,

lo dejaré entre lo que quiero,

a las puertas del recuerdo,

y te recordaré cuando ebrio ame al mundo

cubierta de tristes pensamientos de amor causal

que vive en mis ojos y entre mi garganta

cada noche para siempre!

S

Yo la amaba entonces como suele amar el alma,

y este incontenible

amor de abrazarla en silencio...

Así entré en su detenido cuarto:

Amaneciendo, tan tímido...

Como la sorpresa del amor

se abrieron sus ojos, en una mirada

se lavó todo el sur de Chile.

Salí hacia atrás (yo, yo la quería),

midiendo con pasos la distancia del dolor...

La tarde se pone ahora

de un color parecido a esos días...

Oh y el dolor de dos niños que no nacieron...

Aúlla, en la distancia, el grito de mi sangre...

Ya amar se queda en la nostalgia, soledad,

en la incapacidad de abarcar su movimiento...

Valparaíso, 2002-2005.

ACERCA DEL AUTOR

Poeta creador y fundador del Intracreacionismo, el cual se encuentra contenido en este libro

"Plasmar a La Poesía sin aprisionarla para hallar al Arte mismo, a la verdad de la Belleza: Al ideal".

Cuatro libros fueron el resultado: Poseía es el primero. Lo siguió El Hombre, luego Textos y por fin El Faro, un Poema Epico de 1948 versos dividido en XII Cantos en los cuales el hablante Lírico encuentra al Dios Occidental en un Faro y va a su encuenctro no para matarlo (Nietzschen Huidobro) sino para…

Desde los trece años hasta más allá de los Treinta la búsqueda fue absoluta y este es el maravilloso reflejo de ese juvenil vacío: Textos como LA MUERTE DEL AMOR O POEMA CAGADO POR UNA PALOMA, un Soneto como NIÑITA, o LA PENA y muchos Textos Poéticos que en este volumen se encuentran establecidos…

Este libro es el reflejo de la honesta búsqueda de un Poeta actual que se abandonó a sí mismo en función de hallar a la Poesía, de un viaje que él siempre supo que no ofrecía un retorno sin hallarla…